MILLIONAIRELY

 MILLIONAIRELY

MILLIONAIRELY

ZIEHT REICHTUM MIT DER KRAFT DER WORTE AN

MILLIONAIRELY

 MILLIONAIRELY

Inhalt

Einführung

Warum Affirmationen für die Finanzen wichtig sind

Wie man Affirmationen effektiv für den Millionär nutzt

Wie man anfängt

Bestätigung der Millionärsmentalität

Bestätigung der Einkommensfixierung

Bestätigung der Anziehung

Cash Magnet Bestätigung

Einfache Geldforderung

Fazit

 MILLIONAIRELY

 MILLIONAIRELY

Einführung

Reiche Menschen denken in allen Lebensbereichen anders als die Mittelschicht und die Armen, vor allem aber, wenn es um Geld geht.

Die Reichen denken und handeln auf eine bestimmte Art und Weise, was sie zu einer Haltung des Reichtums, der Überzeugungen und Positionen führt, die Vermögen hervorbringen.

Mit diesen neuen Einstellungen kommen neue Optionen, und folglich wird dies für sie einen Wasserfall von Möglichkeiten mit sich bringen, wo sie dank ihrer vielfältigen Einkommensquellen ständig Reichtum erlangen werden.

Warum Affirmationen für die Finanzen wichtig sind

Befähigung

Affirmationen sind Aussagen, bei denen ein Individuum zu sich selbst spricht und ist, sie beginnen starke Auswirkungen auf das Unterbewusstsein zu haben.

Diese Visualisierungen gelten als "glaubwürdig" und werden in den Bereich des Unterbewusstseins gelegt, der mit der Fähigkeit zu tun hat, die Fähigkeit, besonders starke Erinnerungen mit weniger Arbeit einzusetzen, zu verbessern.

Durch diese speziellen Bilder kann eine Person die internen Werkzeuge entwickeln,

 MILLIONAIRELY

um anders über Geld nachzudenken, so dass Erinnerungen und Bilder ins Hier und Jetzt transportiert werden können, wo sie verwendet werden, um die Art und Weise zu verbessern, wie man Geld sieht, was für die Finanzen und die Ermächtigung der Finanzen von entscheidender Bedeutung ist.

Warum brauchen wir Affirmationen für die finanzielle Befähigung? Oft glauben Einzelpersonen, dass diese guten und nützlichen Erinnerungen an die Selbstkommunikation ein falscher Glaube sind und nicht existieren, aber das Unterbewusstsein erkennt, wo sie sich befinden, und wird sie weiterleiten, um den Erfolg im Finanz- und Lebensbereich zu steigern.

Diese Formen der Affirmation/Suggestion sind bahnbrechend für frische Nervenbahnen im Geist und verbessern die Fähigkeit, mit diesen frischen und kraftvollen Bildern zu "spielen".

Toxische Visualisierungen im Zusammenhang mit Negativität, Schwächen, mangelnder Initiative, Bildern von zerbrechlichen Zielen und der Fähigkeit, einen finanziellen Aktionsplan zu entwickeln und umzusetzen, werden reduziert. Wenn der Verstand neue Selbstgesprächsaussagen entdeckt, sieht das Unterbewusstsein sie als "greifbar" an.

Sie haben wahrscheinlich ein gemeinsames Element bei den Wohlhabenden, bei den Finanzen und im Leben beobachtet. Diese Gewinner und erfolgreichen Menschen neigen dazu, in allen Aspekten ihres Lebens enthusiastisch und eifersüchtig zu sein. Diese bösartige Ausgelassenheit neigt dazu, alle diejenigen anzustecken, mit denen der erfolgreiche Einzelne interagiert. Eine positive Einstellung und die Fähigkeit, diese Einstellung in Ergebnisse umzuwandeln, ist entscheidend, um neue Chancen zu ergreifen, das Beste aus finanziellen Entscheidungen zu

machen und mit Zielsetzungen zu arbeiten, sowohl in der Wirtschaft als auch im Leben.

Wie Sie sehen, ist eine positive Einstellung ein wertvolles Gut, ganz gleich, welchen Platz Sie in der Finanzwelt einnehmen. Das bedeutet, dass Sie sich daran gewöhnen sollten, regelmäßig positive Affirmationen auszuüben. Positive Affirmationen zu einem Teil Ihrer täglichen Arbeit zu machen, ist eine großartige Möglichkeit, Ihre Gedanken zu ändern und sich selbst zu helfen, finanziell erfolgreicher zu sein.

Es ist nie zu früh oder zu spät, diesen Zyklus positiver Affirmationen zu beginnen, und selbst diejenigen, die gerade erst mit einem Finanzplan begonnen haben, können von einer positiven Einstellung profitieren. Auch wenn Ihre Position unbedeutend erscheint und Sie noch nicht wohlhabend sind, ist es entscheidend, eine positive Einstellung zu zeigen und sich nicht von der Negativität einschleichen zu lassen, um Ihre

Begeisterung zu stehlen. Denken Sie daran, dass einige der reichsten Menschen und Geschäftsinhaber ganz unten angefangen und sich nach oben gearbeitet haben. Es ist in der Tat möglich, von einem kleinen Bankkonto zum Reichtum überzugehen, aber ohne positive Affirmationen und eine gewinnende Haltung wird dieser Schritt nicht möglich sein.

Ständige positive Affirmationen sind äußerst wichtig für Menschen, die eine finanzielle Befähigung erreichen wollen. Wohlstand zu erlangen ist nie einfach, aber es ist entscheidend, sich daran zu erinnern, dass die Menschen um Sie herum, von den Menschen, mit denen Sie interagieren, bis hin zu Kunden und Konkurrenten, Ihre Einstellung spüren und sie als Signal nutzen. Wenn Sie sich ständig über Geldmangel und den Mangel an Wissen, wie man reich wird, beschweren, werden die Menschen um Sie

 MILLIONAIRELY

herum nicht gerade belebt sein. Wenn Sie andererseits sich selbst und den Menschen um Sie herum auch in den schwierigsten Zeiten ständig positive Affirmationen geben, werden sie Ihren Überschwang sehen, daraus lernen und ihn als Signal nutzen, härter zu arbeiten und zur Entwicklung Ihres Wohlstands beizutragen.

Es kommt wirklich auf die proaktive Einstellung an, die Sie mitbringen, und auf positive Affirmationen, die zu Ihrer finanziellen Stärkung beitragen können.

 MILLIONAIRELY

Wie man Affirmationen effektiv für den Millionär nutzt

Mentalität

Affirmationen sind einfach zu erstellen und zu verwenden, aber man braucht Hingabe, damit sie funktionieren. Hier sind einige Vorschläge, die Ihnen helfen sollen, das Beste aus diesen mächtigen Werkzeugen zur Erlangung neuen Reichtums herauszuholen.

Die Affirmationen funktionieren...Aber sie müssen richtig eingesetzt werden.

Selbstbestätigungen sind positive Aussagen oder Selbstskripte, die das Unterbewusstsein dazu veranlassen können, eine positivere Wahrnehmung von sich selbst und der Art und Weise, wie man Reichtum betrachtet, zu entwickeln. Affirmationen können Ihnen helfen, negative Verhaltensweisen zu ändern oder finanzielles Empowerment zu erreichen, und sie können auch dabei helfen, den Schaden rückgängig zu machen, der durch negative Skripte verursacht wird, durch Dinge, die wir uns immer wieder selbst sagen oder die uns andere immer wieder sagen, die sich zu einer negativen Selbstwahrnehmung und einer Sichtweise des knappen Geldes summieren.

Betrachten Sie Ihre positiven Eigenschaften. Machen Sie eine Bestandsaufnahme von sich selbst, indem Sie eine Liste Ihrer besten Eigenschaften, Fähigkeiten oder zusätzlichen Eigenschaften erstellen. Sind Sie sparsam, gehen Sie gut mit Ihrem Geld um? Wenn Sie diese Antworten in der Gegenwartsform bejahen: "Ich bin sparsam", zum Beispiel, oder "Ich bin ein guter Haushälter", sind

diese Aussagen Aussagen darüber, wer Sie sind. Wir drehen uns nur selten um die Dinge, die wir wirklich an uns mögen, sondern wir denken lieber über die Dinge nach, die wir gerne ändern würden. Eine Liste wird Ihnen helfen, diesen Kreislauf zu durchbrechen, und wenn Sie diese Aussagen nutzen, um zu erkennen, wer Sie sind, werden Sie das Vertrauen gewinnen, das Sie brauchen, um Ihre Ansprüche auf finanzielle Macht zu akzeptieren.

Überlegen Sie, welche negativen Szenarien Sie neutralisieren möchten oder welche positiven finanziellen Ziele Sie erreichen möchten. Affirmationen können sehr hilfreich sein, um den negativen Wahrnehmungen entgegenzuwirken, die Sie über Ihre Fähigkeit, Geld zu verwalten oder anzuziehen, gewonnen haben. Affirmationen können Ihnen auch helfen, bestimmte finanzielle Ziele zu erreichen, wie z.B. den Kauf eines Hauses oder eines neuen Autos. Machen Sie eine Liste Ihrer Ziele oder

negativen Selbstwahrnehmungen, die Sie gerne ändern würden.

Priorisieren Sie Ihre Liste der Themen, an denen Sie arbeiten sollten. Vielleicht stellen Sie fest, dass Sie viele Ziele haben oder viele verschiedene Aussagen benötigen. Am besten ist es jedoch, sich auf einige Aussagen gleichzeitig zu konzentrieren, also wählen Sie diejenigen, die am wichtigsten oder dringendsten sind, und arbeiten Sie zuerst mit ihnen. Wenn Sie Verbesserungen in diesen Bereichen sehen oder diese Ziele erreichen, können Sie neue Bekräftigungen für andere Punkte auf Ihrer Liste abgeben.

Schreiben Sie Ihre Affirmationen auf. Verwenden Sie die positiven Aussagen nur als Gegenschreiben, oder fügen Sie andere Aussagen hinzu, um Ihr Verhalten mit und über Geld in der Zukunft zu gestalten. Aussagen, die Sie zur Gestaltung künftiger Änderungen verwenden werden, sollten die gleiche Form haben. Sie sollten mit "Ich"

beginnen und prägnant, klar und positiv sein. Es gibt zwei Formen von zukunftsgerichteten Aussagen, mit denen Sie auf Ziele hinarbeiten können:

- Ich kann" Aussagen sind Aussagen, die die Tatsache bestätigen, dass Sie Ihr(e) Ziel(e) erreichen können. Wenn Sie zum Beispiel 1.000.000 Dollar pro Monat geben wollen, ist eine Aussage wie "Ich kann 1.000.000 Dollar pro Monat geben" ein guter Anfang. Mehrere Experten empfehlen, jede Form von negativer Konnotation zu vermeiden.

- Ja, ich will" Aussagen sind Aussagen, die besagen, dass Sie Ihre Fähigkeit heute tatsächlich nutzen werden, um Ihr Ziel zu erreichen. Wenn Sie also dem obigen Beispiel folgen, können Sie sagen: "Ich werde diesen Monat 1.000.000 Dollar einbringen. Auch hier sollten Sie sich einer positiven Sprache bedienen und klar sagen, was Sie heute tun werden, um das langfristige Ziel der finanziellen Stärkung und des Wohlstands zu erreichen.

Vergleichen Sie einige Ihrer positiven Eigenschaften mit Ihren Zielen. Welcher der positiven Charaktere wird Ihnen helfen, die gesteckten Ziele zu erreichen? Wenn es zum Beispiel darum geht, wie man sich an ein Budget halten kann, braucht man vielleicht Willenskraft oder Mut. Wählen Sie Erklärungen aus, die das unterstützen, was Sie benötigen.

Machen Sie Ihre Wiederholungen sichtbar, damit Sie sie verwenden können. Wiederholung ist der Schlüssel zu wirksamen Affirmationen. Sie möchten Ihre Affirmationen mehrmals am Tag und, wenn nötig, kontinuierlich überprüfen.

Fahren Sie mit Ihren Affirmationen fort. Je mehr Sie etwas bejahen, desto fester wird Ihr Geist es akzeptieren. Wenn Sie versuchen, ein

 MILLIONAIRELY

kurzfristiges Ziel zu erreichen, verwenden Sie Ihre Affirmationen, bis Sie es erreicht haben. Denken Sie daran, dass das Universum alles hört, seien Sie also vorsichtig mit Ihren Affirmationen.

Worte sind mündliche oder schriftliche Reden, die in Ihrem Leben eine große Bedeutung haben.

Verwenden Sie keine negativen Wörter. Anstatt "Ich will nicht mittellos sein", verwenden Sie "Ich will reich sein". Das Universum versteht keine negativen Gedanken, nur "Gedanken" werden in das Universum geschickt und senden die richtige Botschaft aus. Wiederholung schafft Gewohnheiten, und Ihr Unterbewusstsein wird sich auf Ihre Wünsche ausrichten.

Wie man anfängt

Wir können uns selbst positiv verändern, indem wir unser Denken und unsere Überzeugungen ändern. Gedanken sind wie Magnete, sie haben die Kraft, je nach ihrer Schwingung anzuziehen.

Das, was wir uns selbst täglich bejahen, bestätigt, wie wir uns fühlen und wie wir das Leben erleben. Einer der mächtigsten Wege, das Leben und den Reichtum zu schaffen, den wir wollen, ist die Affirmation.

Eine wirkungsvolle Methode, Affirmationen zur finanziellen Stärkung zu nutzen, besteht darin, sie auf eine Karteikarte zu schreiben und den ganzen Tag über zu lesen. Je mehr man sie praktiziert, desto tiefer werden die neuen Überzeugungen. Die beste Zeit, Ihre

 MILLIONAIRELY

Affirmationen zu überprüfen, ist morgens, tagsüber und vor dem Schlafengehen. Nachdem Sie sich in einem tiefen, ruhigen, meditativen Geisteszustand entspannt haben, stellen Sie sich vor, dass Sie bereits reich geworden sind und wissen, wie Sie mit Ihrem Geld umgehen müssen. Stellen Sie sich vor, Sie befinden sich in der physischen Umgebung, in der Sie sich gerne aufhalten würden, in dem Haus, das Sie gerne hätten und das Sie tröstet, die sicheren numerischen Ziffern, die Sie in Ihrem Besitz haben, und die angemessene finanzielle Belohnung für Ihre Bemühungen. Fügen Sie alle weiteren Details hinzu, die für Sie wichtig sind, wie z.B. die Rechnungen, die Sie bezahlen möchten, den Geldbetrag, den Sie monatlich verdienen möchten, und so weiter. Versuchen Sie, in sich selbst zu spüren, dass dies möglich ist; erleben Sie es, als ob es bereits geschieht. Kurz gesagt, stellen Sie es sich genau so vor, wie Sie es sich wünschen, als ob es bereits geschehen wäre. Versuchen Sie, vor einem Spiegel zu stehen und Affirmationen zu verwenden, während Sie in

Ihre Augen schauen. Wenn Sie können, wiederholen Sie sie laut und leidenschaftlich. Dies ist ein wirksames Mittel, um Ihre einschränkenden Überzeugungen sehr schnell zu ändern.

Wenn es Ihnen schwer fällt zu glauben, dass es zu einer Affirmation kommt, fügen Sie der Affirmation den Zusatz "Ich wähle" hinzu. "Ich entscheide mich zum Beispiel dafür, meine Finanzen korrekt zu verwalten", oder "Ich entscheide mich dafür, finanzielle Macht zu erlangen und reich zu werden".

Binden Sie positive Emotionen an Ihre Aussagen. Überlegen Sie, wie Sie sich fühlen werden, wenn Sie Ihr Ziel erreichen, oder überlegen Sie, wie gut es sich anfühlt zu wissen, dass Sie Ihre finanzielle Zukunft sichern. Emotionen sind ein Treibstoff, der Affirmationen stärker macht.

Wenn Sie nicht wollen, dass die Leute von Ihren Erklärungen zur finanziellen Stärkung erfahren, platzieren Sie Ihre Erinnerungen einfach an diskreten Orten. Denken Sie aber daran, dass Sie sie unbedingt oft sehen müssen, sonst nützen sie Ihnen nichts.

Wenn Sie sich dabei ertappen, dass Sie lediglich die Worte Ihrer Aussagen wiederholen, anstatt sich auf ihre Bedeutung zu konzentrieren, ändern Sie die Aussagen. Sie sind in der Lage, die gleichen Ziele oder Eigenschaften auf natürliche Weise zu bejahen, aber durch die Neuformulierung Ihrer Affirmationen können Sie deren Wirksamkeit wiederherstellen.

Bitten Sie Ihre Freunde, Ihnen eine Version ihrer Affirmationen zu erzählen, zum Beispiel: "LOLITA, Sie lernen wirklich, mit Ihrem Geld umzugehen. Sie müssen sich großartig fühlen." Selbstbestätigungen sind genauso wertvoll, wie sie einen von der Abhängigkeit von der Zustimmung anderer

befreien, aber die Bestätigungen anderer können genauso gut sein, wie die negativen Skripte anderer schädlich sind.

Dankbarkeit ist eine sehr starke Bekräftigung, und ein Beispiel dafür könnte eines sein, das Folgendes besagt".

Ich genieße den Reichtum meines Lebens und vertraue darauf, dass noch mehr auf mich zukommen wird.

 MILLIONAIRELY

Bestätigung der Millionärsmentalität

Ich habe eine Millionen-Dollar-Mentalität, das Geld kommt zu mir

Welche Geheimnisse kennen die Reichen, welche mystischen Kräfte haben sie? Die Antwort ist einfach. Es liegt alles an der Art und Weise, wie sie denken. Wohlhabende Menschen haben eine Millionen-Dollar-Mentalität. Es ist diese Denkweise, die erfolgreiche Seelen vom Rest der Bevölkerung trennt.

Das Unterbewusstsein ist sehr mächtig. Es ist viel mächtiger als Ihr Bewusstsein. Sie kann Ihnen helfen, Ihren Traum zu verwirklichen, oder Sie daran hindern, den Erfolg zu

 MILLIONAIRELY

erreichen, den Sie sich in Wirtschaft und Leben wünschen.

Es gibt Dinge, die Sie heute tun können, die Ihr Denken verändern und Sie finanziell befähigen könnten. Übernehmen Sie die volle Verantwortung für alles, was in Ihrem Leben geschieht.

Hören Sie auf, andere für all Ihre Probleme verantwortlich zu machen. Konzentrieren Sie sich auf das Positive, ziehen Sie alles an, worauf Sie achten. Das bedeutet, wenn Sie sich auf das konzentrieren, was Sie wollen, werden Sie es am Ende auch bekommen.

Genießen Sie Ihre Arbeit. Versuchen Sie, reich zu werden, indem Sie fünfzig oder mehr Stunden pro Woche damit verbringen, etwas zu tun, was Sie hassen? Man kann im Leben nur erfolgreich sein, wenn man tut, was einem Spaß macht. Um wirklich erfolgreich zu sein, muss man seine eigene

Stimme entdecken und seinen eigenen Weg gehen.

Liebe dich selbst. Vertrauen Sie darauf, dass Sie das gleiche Recht haben, glücklich zu sein wie andere. Vertrauen Sie darauf, dass Sie nicht mehr verdienen als das Beste, was das Leben zu bieten hat, und Sie werden mit Sicherheit reich sein.

Seien Sie niemals eifersüchtig auf den Erfolg anderer. Wenn Sie jemanden mit einem schicken Auto oder einem schönen Haus sehen, sagen Sie etwas wie: "Gut für ihn! Eifersucht oder Neid werden nur verhindern, dass Geld und Reichtum in Ihr Leben eindringen.

Wollen Sie reich werden? Wollen Sie Ihre derzeitige Situation ändern?

 MILLIONAIRELY

Zuerst müssen Sie eine Millionärsmentalität schaffen, indem Sie die obigen Anweisungen befolgen. Bald werden Wunder in Ihrem Leben geschehen, und die Segnungen von Reichtum und Überfluss werden zu fließen beginnen.

 MILLIONAIRELY

Bestätigung der Einkommensfixierung

Erreichen der Umsatzziele

Wir alle träumen davon, unser ideales Einkommen zu erreichen, aber ohne einen Plan und Maßnahmen werden sie als einfache Träume fortbestehen.

Dieser Abschnitt enthält einige Hauptschritte, um Ihre Ziele zu erreichen und das gewünschte Einkommensniveau zu erreichen:

1- Stellen Sie sich vor, wo Sie in einem Jahr gerne sein würden.

 MILLIONAIRELY

2- Visualisieren Sie das von Ihnen gewünschte spezifische Geschäftsniveau und die Eigenschaften, die es haben wird. Wählen Sie ein Geschäft, das in Bezug auf das gewünschte Einkommen oder den gewünschten Gewinn realistisch ist. Visualisieren Sie so spezifisch wie möglich.

3- Visualisieren Sie die Umgebung, d.h. stellen Sie sich Ihre idealen Kunden oder Teammitglieder vor Machen Sie die Visualisierung Ihres Ideals zur täglichen Routine.

4- Machen Sie eine Karte mit den Schritten, die Sie unternehmen müssen, um innerhalb eines Jahres irgendwo zu sein.

5- Denken Sie über die Hindernisse nach und darüber, wie Sie sie überwinden können.

6- Unterscheiden Sie Ihre negativen Gedanken zur Erreichung Ihres geplanten

Geschäfts und Einkommens. Wenn Sie sich der Gedanken bewusst werden, die Ihren Fortschritt einschränken können, werden Sie in der Lage sein, sie zu kontrollieren und zu besiegen.

7- Ergreifen Sie Maßnahmen, um Ihre Ziele zu erreichen, und planen Sie, das Beste aus den Dingen zu machen, die Ihr Potenzial einschränken.

Stellen Sie sich einen schriftlichen Plan vor, was nötig ist, um dort zu sein, wo Sie sein wollen. Wenn Sie sich etwas vorstellen, visualisieren Sie das Ideal, wenn Sie planen, tun Sie es mit wirklich konkreten Schritten und Aktionen und gehen Sie mit ihnen voran. Holen Sie sich Mentoren und bitten Sie diejenigen um Rat, die sich in der von Ihnen gewünschten Position befinden.

Mentoren können auch diejenigen sein, die außerhalb des von Ihnen gewählten

MILLIONAIRELY

Geschäftsweges stehen und Ihnen helfen, die Besten zu sein. Studieren Sie den Motivationsgehalt und behalten Sie eine positive Perspektive.

Bestätigung der Anziehung

Ich ziehe jeden Tag neue Geschäfte und Möglichkeiten für mich an

Millionen von Menschen haben vom Gesetz der Anziehung gehört, einer Theorie, die "positives Denken" ermöglicht. Obwohl es sich um ein relativ neues Phänomen handelt, sagen spirituelle Denker, dass sie die Konzepte seit Jahren untersuchen.

Das Gesetz der Anziehung ist, dass unser Denken uns alles, was wir denken, bringt und vermittelt. Es ist, als ob uns das Universum jedes Mal, wenn wir einen Gedanken denken, jedes Mal, wenn wir ein Wort aussprechen, zuhört und uns antwortet.

Negativität kann Sie daran hindern, die Dinge zu erhalten, die Sie sich im Leben wünschen. Oder Sie sind in der Lage, Ihr Leben zu verändern, indem Sie positiv bleiben. Sie müssen anfangen, Dinge zu sagen, die sich wirklich gut anfühlen, wie: "Ich genieße, was ich bin", "Ich genieße das Leben", "Ich mag das Leben".

Sie müssen verstehen, dass es nicht am Tag des Anfangs geschehen wird, aber wenn Sie die Saat des Guten säen und sie gießen und mit den Aussagen fortfahren, werden sich die Dinge zu ändern beginnen. Wissen Sie, was Sie wollen und fragen Sie das Universum. Hier müssen Sie sich darüber im Klaren sein, was Sie schaffen möchten, und visualisieren, was Sie als wahr empfinden wollen.

Fühlen und handeln Sie, als ob das Objekt Ihrer Begierde auf dem Weg wäre. Konzentrieren Sie Ihre Gedanken und Ihre Sprache auf das, was Sie anziehen möchten. Fühlen Sie das Gefühl zu wissen, dass das,

was Sie wollen, wirklich auf dem Weg zu Ihnen ist.

Seien Sie gastfreundlich, wenn Sie sie erhalten. Achten Sie auf Ihre intuitiven Botschaften, Synchronisationen und Zeichen aus dem Universum, die Ihnen auf dem Weg helfen sollen, als Garantie dafür, dass Sie auf dem "richtigen" Weg sind. Wenn Sie sich mit Ihren positiven Affirmationen stärken, wird das Universum Ihnen Ehre erweisen.

 MILLIONAIRELY

Cash Magnet Bestätigung

Ich bin ein geldgieriger Magnet!

Nehmen Sie einen Dollar aus der Tasche. Beachten Sie die grüne Tinte und die Nummer in jeder Ecke. Es ist ein Stück Papier mit Tinte, ein paar Symbole mit Zahlen, das ist alles. Der Einzelne arbeitet sich zu Tode, um diese Grünbücher zu bekommen. Viele leben in extremer Armut, alles wegen der Art und Weise, wie sie das Papier für grün halten.

Viele erkennen nicht, dass Geld Energie ist. Alles im Kosmos ist. Wir verstehen, dass die Dinge anders sind, da diese Energien in unterschiedlichen Frequenzen schwingen. Geld ist gegen dieses allgemeine Gesetz nicht immun. Wenn die beiden Energien

harmonisch sind, ziehen sie sich gegenseitig an. Wenn nicht, stoßen sie sich gegenseitig ab. Deshalb gibt es so viele arme Menschen. Sie sind nicht mit dem Geld harmonisiert, so dass sie dessen Fluss in ihrem Leben blockieren. Um Bargeld anzuziehen, muss man mit ihm im Einklang sein.

Wir entwickeln Gedanken oder nehmen sie von einer externen Quelle an, laden sie mit Emotionen auf und flößen sie ins Unterbewusstsein ein. Wir senden Impulse aus, die vom Universum beantwortet werden. Harte Arbeit wird als normal angesehen. Sie sind unbewusst diszipliniert, wenn Sie glauben, dass Arbeit das Mittel ist, mit dem Sie Geld bekommen. Je mehr Sie arbeiten, desto mehr Geld bekommen Sie. Einzelpersonen waren nicht dazu bestimmt, zwanzig Stunden am Tag zu arbeiten. Sie sollten sich auch nicht für drei Arbeitsplätze opfern. Gott hat uns hier auf Erden nicht eine endliche Zeitspanne gegeben, um als Sklaven zu arbeiten. Nicht mit unserer geistigen Kraft.

Ich möchte die Idee der Arbeit nicht schmälern. Indem wir denken, bekommen wir, was wir wollen. Durch Handeln erhalten wir sie. Theoretisch haben wir die Fähigkeit, Geld oder was immer wir wollen zu manifestieren, wenn wir in perfekter Harmonie mit dem Kosmos sind.

Arbeiten Sie, aber haben Sie niemals das Gefühl, dass Sie arbeiten müssen oder dass Sie arbeiten müssen, um Geld zu bekommen. Dadurch wird ein Kanal für Reichtümer geschaffen: Ihre Arbeit. Das Universum hat unzählige Kanäle. Nehmen Sie sich Zeit zum Arbeiten, aber auch zum Nachdenken. Ihr Gedanke erzeugt Ihre Realität.

Geld wird in Ihr Leben fließen, wenn Sie es zulassen. Wenn Ihr Cashflow niedrig ist, stoppen Sie den Fluss. Sie haben negative

Vorstellungen über Geld. Sie denken vielleicht, dass es schlecht ist. Oder dass man hart arbeiten muss, um es zu erreichen. Es gibt restriktivere Überzeugungen in Bezug auf Bargeld, als ich hier auflisten kann. Negative Gedanken blockieren den Energiefluss. Positive Gedanken lassen die Energie fließen. Wenn Sie sich irgendwelcher einschränkender Überzeugungen bewusst sind, können Sie sie loslassen. Der Schlüssel liegt darin, sie aufzudecken.

Bargeld ist eine Art Energie, genau wie Sie. Wenn diese beiden Energien in Harmonie sind, sind die Möglichkeiten grenzenlos. Es gibt keine Grenzen im Universum, nur solche, die sich der Einzelne selbst schafft.

Einfache Geldforderung

Geld verdienen ist einfach

Uns allen ist irgendwann in unserem Leben gesagt oder gehört worden, dass man, wenn man aufrichtig an etwas glaubt, Vertrauen hat, dass es geschehen wird.

Nun gibt es viele Menschen, die diese Idee nicht ganz glauben, und dann gibt es diejenigen, die sagen, sie praktizieren sie, aber in Wirklichkeit praktizieren sie sie nicht, sie denken nur, sie tun es. Dann gibt es diejenigen, die den Glauben aufrichtig praktizieren und ungeheuren Erfolg haben. Haben Sie sich jemals gefragt, warum oder wie sie das tun? Es gibt eine Reihe von Schritten, die mit dem Glauben verbunden sind, und Sie müssen wirklich alles an Ort

und Stelle haben, bevor Sie Ihnen helfen können, Ihre Ziele zu erreichen.

Lassen Sie mich Ihnen ein paar einfache Fragen stellen:

1- Glauben Sie zweifellos, dass Sie alles haben können und werden, was Sie sich im Leben wünschen?

2- Glauben Sie zweifellos, dass Sie zur richtigen Zeit in die richtige Situation geführt werden?

3- Glauben Sie zweifelsohne, dass es immer einen Weg gibt, Ihre Ziele zu erreichen?

Wenn Sie mit **NEIN** geantwortet haben, oder vielleicht auf eine der vorhergehenden Fragen, dass Sie nicht glauben und folglich nicht dorthin gelangen, wo Sie hinwollen; glauben erfordert dieses vollständige

 MILLIONAIRELY

Vertrauen, dass alles klappen wird. Dass Sie Ihren Teil zur Lösungsfindung beitragen, im Vertrauen und in dem Wissen, dass Sie bekommen können und bekommen werden, was Sie vom Leben erwarten. Wie kommen wir also auf dieses Niveau? Man muss mit kleinen Schritten dorthin gelangen.

Fangen Sie an, sich kleine Ziele zu setzen, selbst bei Dingen, von denen Sie wissen, dass sie passieren werden, und vertrauen Sie dann und hören Sie auf. Sie können dies tun, wenn Sie mit dem Auto unterwegs sind, darauf vertrauen, dass Sie pünktlich am Zielort ankommen und eine einfache Hin- und Rückfahrt haben.

Warten wir ab, was nach einer Woche geschieht. Wenn Sie Ihre Schlüssel verlieren, sagen Sie sich, dass Sie wissen, wo sie sind, und vertrauen Sie darauf, dass Sie sie zur richtigen Zeit finden werden. Wenn Sie sich bei einer Entscheidung, die Sie treffen müssen, unsicher sind, ziehen Sie alle

Möglichkeiten in Betracht und sagen Sie sich dann, dass Sie die richtige Entscheidung treffen.

Nach einer Weile werden Sie von Natur aus wieder darüber nachdenken und leicht zu einer Schlussfolgerung kommen. Der Schlüssel ist zu glauben und aufzugeben. Manchmal müssen Sie abgelenkt werden, damit Sie sich keine Sorgen machen müssen. Beunruhigen ist das Gegenteil von glauben, das heißt, ich glaube nicht, also muss ich mir Sorgen machen - denn durch Beunruhigen kann ich es besser machen - aber Sie können es nicht.

Ich rate Ihnen, klein anzufangen, um diese Praxis zu entwickeln. Denn wenn große Entscheidungen getroffen werden müssen, werden Sie wissen, dass der Prozess funktioniert, und Sie werden sich keine Sorgen machen, Sie werden glauben, dass Sie tun können und tun werden, was Sie tun müssen, um Ihre Ziele zu erreichen.

Dieses Verfahren ist so einfach und doch so kraftvoll, aber es braucht Zeit, sich daran zu gewöhnen. Diese Praxis des Glaubens ist entscheidend für Ihren finanziellen Erfolg. Ohne sie wird alles andere, was Sie tun, am Ende bedeutungslos sein.

Fazit

Jeder will **FINANZIELLE MÄCHTIGKEIT** haben. Dies ist ein Ziel, das viele Menschen erreicht haben und noch viel mehr Menschen erreichen wollen. Es gibt viele Wege, finanziell erfolgreich zu sein, und jeder Einzelne hat seine eigene Definition von Reichtum. Unabhängig davon, was Ihre Definition von Reichtum ist, können die Aussagen Ihnen helfen, Ihr Ziel zu erreichen.

Wir hoffen, dieses book hat Ihnen die Instrumente an die Hand gegeben, um einen anderen Blick auf die Verwendung von Affirmationen zur finanziellen Stärkung zu werfen.

 MILLIONAIRELY

Wir hoffen, dass dieses E-Book Ihnen die Werkzeuge gegeben hat, um die Verwendung von Affirmationen zur finanziellen Stärkung aus einer anderen Sicht zu betrachten.

 MILLIONAIRELY

Besuchen Sie unsere Website! Holen Sie sich weitere Bücher von MENTES LIBRES!

https://www.amazon.de/MENTES-LIBRES/e/B08274DDV4?ref_=dbs_p_ebk_r00_abau_000000

Wenn Sie möchten, können Sie Ihren Kommentar zu diesem Buch hinterlassen, indem Sie auf den folgenden Link klicken, damit wir uns weiter entwickeln können! Vielen Dank für Ihren Kauf!

https://www.amazon.de/dp/B0893PWM9H

www.ingramcontent.com/pod-product-compliance
Lightning Source LLC
Chambersburg PA
CBHW050304220526
45465CB00002B/823